JN261041

血液サラサラ、お肌ツルツル、骨元気！
いきいき美人の納豆レシピ

はじめに

　健康のために大豆製品を毎日摂るようにしているという人の多くが、特に納豆を食べているようです。食卓に納豆がないと食べた気がしないという人も少なくありません。納豆が、私たち日本人の食生活になじみ深い食材であることを証明しています。

　では、納豆はいつ頃、誰がどうやって作ったのが始まりなのでしょうか。一説には稲作農耕文化が日本に伝わり、狩猟や採取を中心とした食生活から物を作って食べる時代へ変化した弥生時代だといわれています。弥生時代に入ると大豆をはじめとした豆類の栽培も盛んになり、豆を煮たり、煎ったり、粉にしたりと、調理方法も少しずつ工夫されていきました。偶然なのか、誰かが時間をかけて生み出したのか、それはわかりませんが、そうした作業の中で、納豆が生まれたようです。

　体に良い食べ物として知られている納豆ですが、昔からいわれている栄養効果に、最近では薬理効果がプラスされ、ますます健康食品として脚光を浴びています。納豆

もくじ

- **◆こんなにスゴイ！**
  納豆の栄養と効用……4

part1 薬味との美味しい食べ合わせと応用

- めかぶ納豆……6
- ピリカラ納豆……8
- 納豆餃子……10
- 納豆トッピング冷奴……12
- エスニック納豆タコス風……14
- 長芋納豆……16
- 納豆もずく……18
- 納豆の青じそ包み揚げ……20

- **◆より美味しく、効果的に食べるための**
  納豆マメ知識　その1……21

part2 美容と健康に驚くべきパワー発揮メニュー

- モロヘイヤとチーズの納豆和え……22
- アボカド納豆のヘルシー丼……24
- 焼きじゃが納豆のせ……26
- 納豆オープンオムレツ……28
- 納豆モロヘイヤ……30
- 納豆うにクリーム……31
- 納豆みどり酢和え……32
- 納豆クリスピー……34

part3 体に優しい納豆味噌の作り方と応用レシピ

- 基本の納豆味噌……36
- ほうれん草の味噌和え……38
- ピーマンとわかめの味噌添え酢の物……39
- 茹で豚の納豆味噌がけ……40
- 納豆トースト……41
- 納豆からみもち……42
- 野菜スティック……43

の効能を考えるときには、まず材料である大豆の栄養価に着目する必要があります。大豆は畑の肉と言われるほどタンパク質を多く含みます。植物性タンパク質は、大豆に豊富に含まれるリノール酸とともにコレステロールを低下させ、生活習慣病の予防と改善に効果的です。大豆は煮豆のままだと、せっかくの良質のタンパク質も約65％しか消化吸収されないといわれていますが、納豆に加工すると約80％も吸収されるようです。まさに納豆パワーのすごさを感じます。

　弥生時代から現代社会まで食べ続けられている食材は数えるほどです。その中のひとつ、納豆を普段の食事に取り入れながら健康管理に役立てられることをおすすめします。この本に納められたレシピを参考にしていただければ幸いです。

平成14年7月

杉本恵子

part4 においを和らげ、より美味しく食べるために

納豆の昆布漬……44
野沢菜と納豆のお焼き……46
めんたいこ納豆……48
納豆とキムチの袋焼き……49
高菜納豆チャーハン……50
納豆五平餅……52
納豆入りスコッチエッグ……54

part5 血液をサラサラにし、体の中から美しくなるために

炒り納豆ライスサラダレタス巻き……56
納豆生春巻き……58
ごま豆腐の納豆ソースかけ……60
トロトロ味噌雑炊……62
なます納豆……64

◆より美味しく、効果的に食べるための
　納豆マメ知識　その2……………65

part6 とことん納豆を活かしたアイディアメニュー

きのこと納豆の具だくさんオムレツ……66
竹輪の納豆詰め揚げ……68
豆豆バーグ……70
ギリシャ風いかめし……72
カレー納豆焼きそば……74
納豆パエリヤ……76
納豆の蒲焼……78
納豆ほっとサンド……80
納豆チーズ春巻き……82
納豆の鉄砲揚げ……84
納豆とかぼちゃのキッシュ……86
納豆かき揚げそば……88
くるくる納豆カツ……90
納豆よもぎ蒸しパン……92
ドライ納豆ふりかけ……94

こんなにすごい！
納豆の栄養と効用

納豆には、健康や美容に効果を発揮する、優れたパワーが隠されています。

● ナットウキナーゼが血栓を溶かし、血液をサラサラに。その作用は医薬品を凌ぐほど

大豆と納豆菌が出会って作られる納豆のネバネバ。その中に含まれるナットウキナーゼという酵素は、血液をサラサラにし、血栓を溶かしてくれます。この血栓溶解作用は食品の中では最高とされています。

● ビタミンK_2がカルシウムの吸収を良くし、骨粗しょう症を予防

納豆菌が作り出すビタミンK_2は、腸内細菌が作る量のなんと7倍。ビタミンK_2には血液中に取り込まれたカルシウムを骨にするはたらきがあり、成長期の子どもや年配の方には欠かせない栄養素です。

● 豊富な食物繊維と納豆菌が腸をきれいに

便秘になると、腸内に充満した有害物質が血液中に流れ出て、肌あれなどを引き起こします。納豆1gに10億個もあるといわれる納豆菌は、納豆の繊維質と協力して消化を助け、便秘を予防したり、腸内の腐敗を抑制します。

● O-157やサルモネラ菌にも強い抗菌作用

納豆菌には、食中毒の原因となるO-157やサルモネラ菌への抗菌作用があります。特にO-157に対しては、菌を殺すのではなく発育を抑えて体外に排出するので、菌が死ぬときに出るベロ毒素が生じず、効果的とされています。

● 病気のもとになる活性酸素を撃退する抗酸化作用や血圧降下作用

納豆の原料である大豆には、正常な遺伝子を傷つけ、がん発生の引き金になるといわれる活性酸素を処理するはたらきがあり、納豆にもがん予防の効能が期待されています。また、納豆のタンパク質には血管の弾力性を高めるはたらきがあり、高血圧の防止にも役立ちます。

納豆の魅力
全国納豆協同組合連合会会長・高星進一

納豆は、日本民族の歴史と共に成長してきた伝統食です。添加物食品がはんらんする中で「最後の自然食」といわれ、いま改めて脚光をあびています。私どもは、より安全で栄養価の高い食品を求められている消費者の皆様に、納豆はその期待に十分応えられる食品であると確信し、また誇りにも思っております。

栄養成分
- 食物繊維
- タンパク質

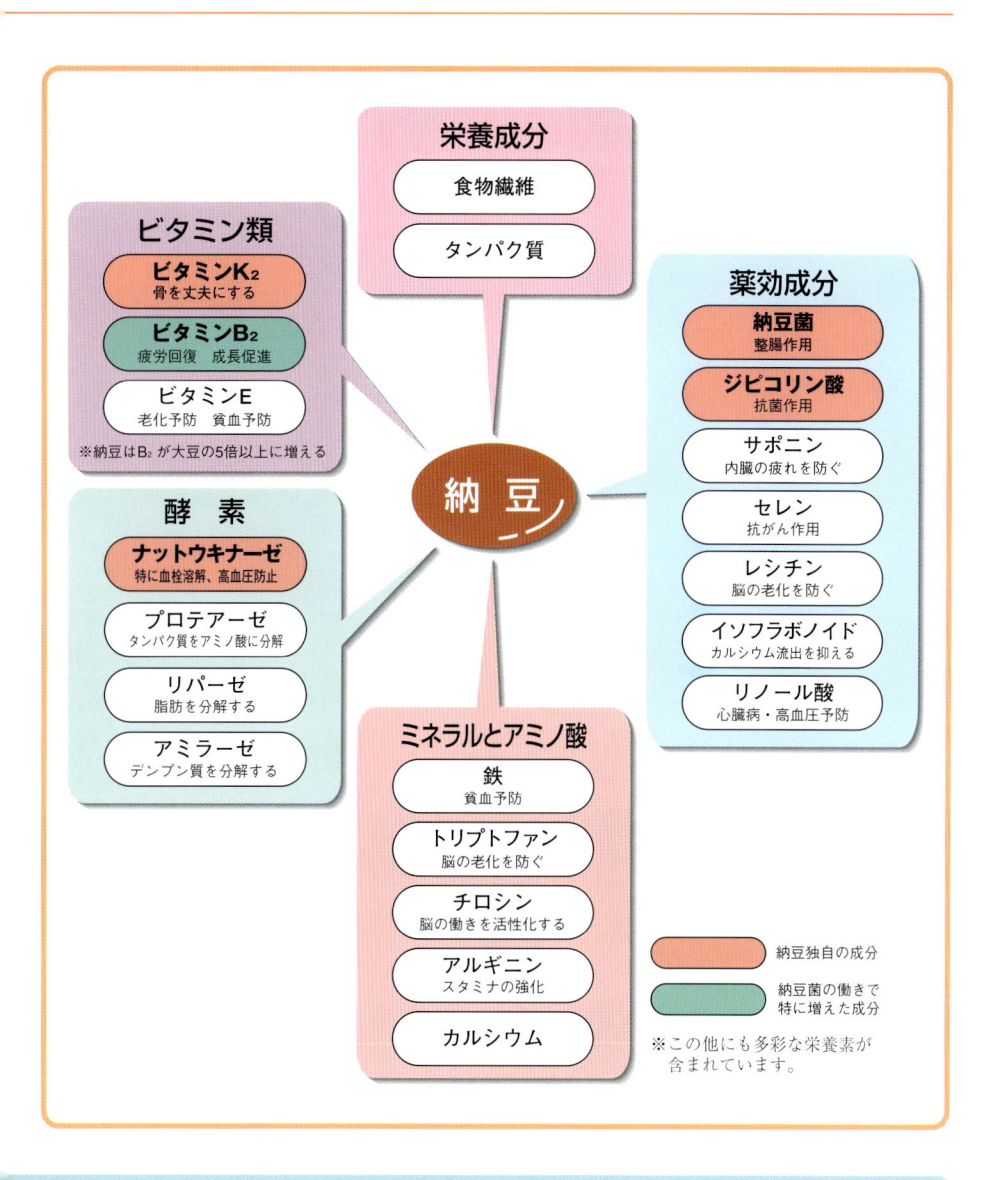

ビタミン類
- **ビタミンK₂** 骨を丈夫にする
- **ビタミンB₂** 疲労回復　成長促進
- ビタミンE 老化予防　貧血予防

※納豆はB₂が大豆の5倍以上に増える

酵素
- **ナットウキナーゼ** 特に血栓溶解、高血圧防止
- プロテアーゼ タンパク質をアミノ酸に分解
- リパーゼ 脂肪を分解する
- アミラーゼ デンプン質を分解する

薬効成分
- **納豆菌** 整腸作用
- **ジピコリン酸** 抗菌作用
- サポニン 内臓の疲れを防ぐ
- セレン 抗がん作用
- レシチン 脳の老化を防ぐ
- イソフラボノイド カルシウム流出を抑える
- リノール酸 心臓病・高血圧予防

ミネラルとアミノ酸
- 鉄 貧血予防
- トリプトファン 脳の老化を防ぐ
- チロシン 脳の働きを活性化する
- アルギニン スタミナの強化
- カルシウム

納豆

- 納豆独自の成分
- 納豆菌の働きで特に増えた成分

※この他にも多彩な栄養素が含まれています。

　庶民の味・納豆のもつ特色は、青少年には体力の向上に役立ち、中高年には健康維持、女性には美容を促してくれるところにあります。そして今、納豆は、日本食にとどまらず、国際的にも評価、注目されつつあります。

part 1　薬味との美味しい食べ合わせと

食べ合わせでさらに効用アップ

納豆には私たちの健康を支えるための大切な成分が多く含まれており、知れば知るほどそのパワーには驚きます。さまざまな食材と合わせると、その相乗効果でさらに栄養バランスの良いメニューになります。

応用

豊富なミネラルや食物繊維でお腹を整え
健康的なダイエットにおすすめの組み合わせ

めかぶ納豆

エネルギー（1人分） 56kcal

材料（4人分）

納豆　100g
めかぶ　20g
練り梅　4g
しょうが　適宜
ゆずポン酢しょうゆ　大さじ1

作り方

① 納豆をゆずポンで味付けする。
② ①にめかぶ、練り梅、おろしたしょうがを盛り合わせる。よく和えて、アツアツのごはんやそばにのせる。

調理のポイント

納豆・めかぶ・練り梅を合わせる際、まな板の上で包丁の背を使ってたたくと上手にできます。ゆずポンの味付け以外に、手作り三杯酢や昆布しょうゆなどでも美味しく、お好みで酢飯の上にのせても良いでしょう。

納豆にめかぶのカルシウム・カリウム・マグネシウムなどのミネラル分がプラスされ、神経のはたらきをスムーズにしてくれます。また、食物繊維が増強されるため、整腸を促しダイエット効果も抜群です。ビタミンCを補いたい方は、大根おろしを添えると良いでしょう。

抗酸化物質を含む納豆のはたらきを一層強める元気メニュー

ピリカラ納豆

エネルギー（1人分） 181kcal

材料（4人分）

納豆　100g
豚ひき肉　150g
にら　1束
長ねぎ　1本
ラー油　大さじ1 1/2
納豆のタレ　2袋

作り方

① にらは細かく、長ねぎは粗みじん切りにする。
② テフロン加工のフライパンで豚ひき肉を炒め、①と納豆を加えてさらに炒める。
③ 納豆のタレとラー油で味付けする。塩味が足りないようならしょうゆで調節する。

調理のポイント

豚ひき肉をポロポロに炒めることがポイントです。ご飯にのせてピリカラ納豆丼にしたり、サラダ菜やサニーレタスなどに包んで食べても美味しくいただけます。

納豆に含まれている納豆菌には腸内の病原菌の発育を抑制する作用があるといわれています。にらや長ねぎと一緒に食べることによって、ビタミン・ミネラルも増強されます。また、ラー油など油と一緒に調理することでビタミンAの吸収も良くなり粘膜を強くしてくれるので、風邪やインフルエンザなどのウイルスからも体を守ってくれます。

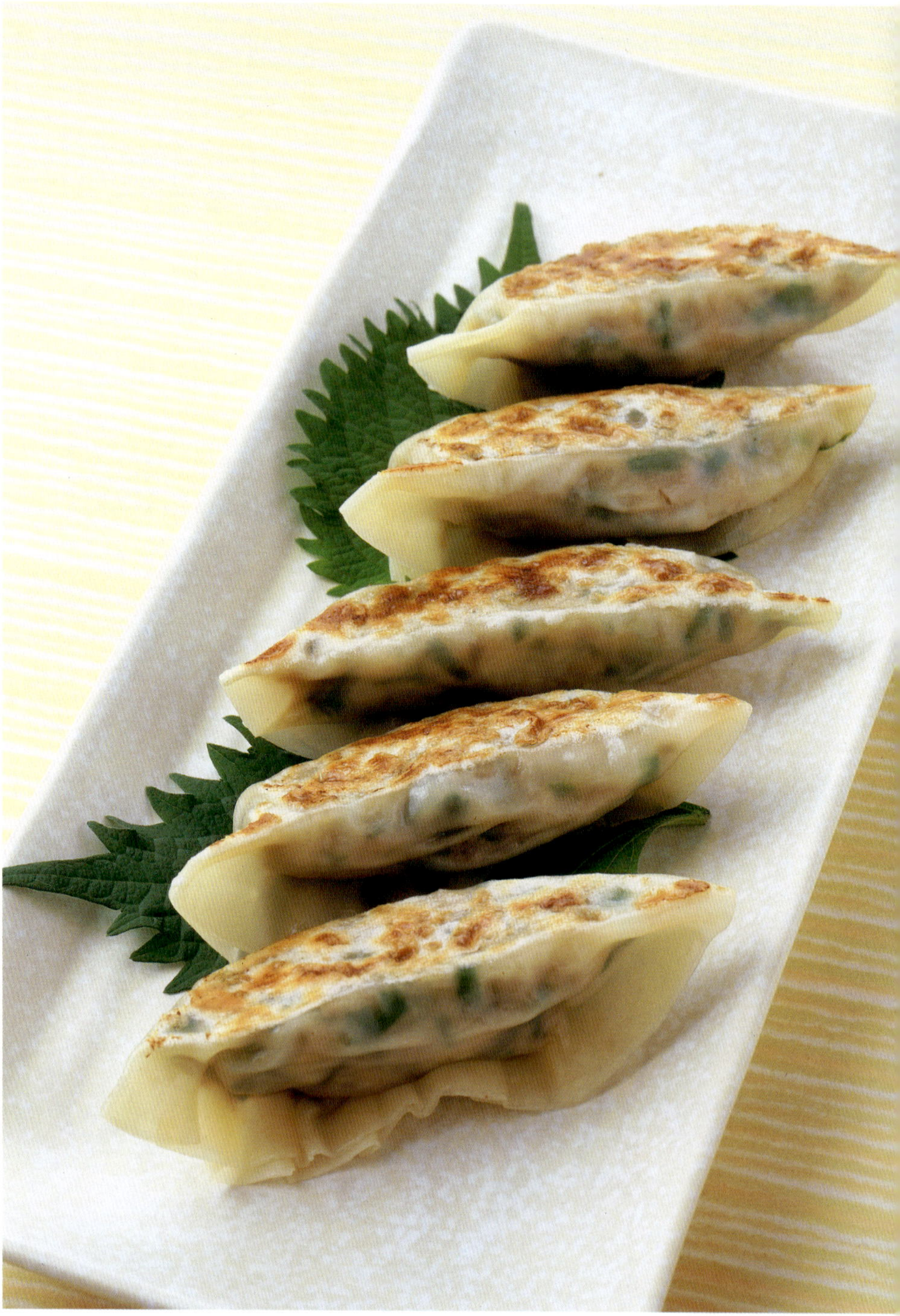

疲れた心と体におすすめの一品
贅沢なほど栄養が補給されます

納豆餃子

エネルギー（1人分）230kcal

材料（4人分）

ひき割り納豆　50g
豚赤身ひき肉　200g
にら　50g（1/2束）
エリンギ　50g（1本）
にんにく　1片
A ┌ 塩・こしょう　適量
　├ オイスターソース　大さじ1
　├ ごま油　小さじ1/2
　└ 片栗粉　大さじ1
餃子の皮（大判）　20枚
植物油　大さじ1
青じそ（飾り用）　適宜

作り方

① にらは小口切り、にんにくはみじん切り、エリンギは5mm角に切る。
② ボウルに①とひき肉、Aの調味料を入れて、粘りがでるまで手で混ぜる。
③ ②に納豆を入れ混ぜる。
④ 餃子の皮で③を包む。
⑤ フライパンに油をしき④を並べ、餃子の下に焦げ目が少しついてきたら、水を入れて蒸し焼きにする。

調理のポイント

餃子の具は、納豆を加える前によくこねることがポイントです。納豆を入れたら全体に混ざる程度にかき混ぜればOK。脇役のエリンギはあまり細かくしないほうが味に深みがでます。

納豆と豚の赤身肉には日本人に不足しがちなビタミンB1が豊富。ビタミンB1は糖質が分解されエネルギーに変わる時に必要なので、不足すると糖が分解されず乳酸などの疲労物質がたまって疲れやすくなります。また、糖は脳や神経の大切なエネルギー源でビタミンB1が不足するとイライラしたり集中力がなくなります。お菓子やインスタント食品、清涼飲料水や酒のがぶ飲みなど、食生活の偏り過ぎた毎日を過ごしてしまうと、ビタミンB1不足を招くので注意しましょう。にんにくやにらのにおいの成分でもあるアリシンと組み合わせることにより、ビタミンB1は吸収が良くなり、体内で長時間にわたって糖質の分解作業を盛んにしてくれます。

彩りの鮮やかさを楽しめて
骨粗しょう症の予防にも最適
納豆トッピング冷奴

驚くほど強い生命力をもつ納豆菌

納豆菌はもともと稲の藁などに棲みついているもので、納豆はこの納豆菌と大豆が出会って偶然できたのではないかと考えられています。蒸した大豆をこの納豆菌と40℃ぐらいの環境下におくと、納豆菌は細胞分裂をおこしたちまち増殖しながら納豆にしてくれるのです。この納豆菌は100℃の高温や氷の中、乾燥状態の中でも生きられる驚異の生命力をもち、納豆1gの中に約10億個もの納豆菌が生きています。

エネルギー（1人分）171kcal

材料（4人分）

ひき割り納豆　50g
絹ごし豆腐　2丁（800g）
めんたいこ　1腹（30g）
大葉　5枚
納豆のタレ　適量

作り方

① めんたいこは薄皮から出し、大葉はせん切りに。
② ①とひき割り納豆を豆腐にのせる。
③ 好みで納豆のタレ、しょうゆなどをかける。

納豆はいろいろな食品との食べ合わせによって、効用が相乗アップしますが、豆腐と一緒に食べると、カルシウムが補給でき、ビタミンEや食物繊維でダイエットにも役立ちます。さらに薬味の大葉は鉄分を補てんし、貧血を予防。まさに女性にやさしいメニューです。キムチやのり、にらなどを納豆と組み合わせ、冷奴をバリエーション豊かに楽しみましょう。

ビタミンB$_2$の脂肪代謝で
ダイエットと美肌づくりを促します

エスニック納豆タコス風

エネルギー(1人分) 113kcal

材料(4人分)

納豆　50g
エビ(むき身)　80g
片栗粉　小さじ1
玉ねぎ　40g
長ねぎ　20g
きゅうり　60g
チリソース　小さじ4

塩　少々
練りからし　少々
餃子の皮(大判)　12枚
植物油　小さじ2
レタス(飾り用)　80g
プチトマト(飾り用)　8個

作り方

① 納豆を包丁で刻む。
② エビは細かく刻み、片栗粉をまぶす。
③ 玉ねぎはみじん切り、長ねぎは小口切り、きゅうりは細かい角切りにする。
④ フライパンに油を入れて熱し、②③を炒める。
⑤ エビの色が変わったらチリソース、塩、練りからしで調味し、①を入れる。
⑥ 餃子の皮を油でこんがり焼き、温かいうちに⑤をはさむ。

調理のポイント
餃子の皮は冷めると固くなるので、温かいうちに形作るようにしましょう。より辛くするためにハラペーニョソースを加えても美味しくできあがります。

納豆は大豆の加工食品ですが、大豆には少ないビタミンB2を多く含んでいるのが特徴です。ビタミンB2は脂肪代謝に必須で、脂肪太りを防いでくれます。ビタミンB2とチリソースのカプサイシンがドッキングしたエスニック納豆は、ダイエットと美肌にぴったりのメニューです。

山のうなぎとさえいわれる長芋と
納豆が腸をきれいにし、肌を美しくしてくれます

長芋納豆

> エネルギー（1人分） 88kcal

材料（4人分）

納豆　80g
長芋　200g
みょうが　4本
万能ねぎ　2本
焼のり　1/4枚
しょうゆ　大さじ1
酢　少量

作り方

① 納豆はよくかき混ぜ、しょうゆで調味する。
② 長芋は3cm長さの細切りにし、酢水に浸す。
③ みょうがは縦半分に切り、縦に薄切りにする。
④ 焼のりは細かく刻み、万能ねぎは小口切りにする。
⑤ ①を器に盛り、水気をとった長芋とみょうがをのせ、④を散らす。

調理のポイント

長芋はアクがあるので、切ってからしばらく酢水につけて色止めをし、ペーパータオルで水気をとります。また、色止めした長芋をポリ袋に入れて、すりこぎなどでたたき、親指の頭くらいの大きさに砕いても良いでしょう。納豆と長芋、みょうが、万能ねぎを混ぜ合わせてから、調味しても美味しくいただけます。

長芋に含まれるムチンと呼ばれる物質は、タンパク質の消化・吸収を助けるはたらきがあり、納豆に含まれる良質なタンパク質を無駄なく吸収します。

畑の幸と海の恵みが老化防止に役立ちます

納豆もずく

エネルギー（1人分） 68kcal

材料（4人分）

納豆　80g
もずく　80g
長芋　100g
オクラ　4本
人参　30g
ポン酢しょうゆ　大さじ3

作り方

① 長芋をポリ袋の中で親指くらいの大きさにたたく。オクラはさっと茹でて小口切りにする。人参はせん切りにする。
② 器の中心に納豆を盛り、そのまわりにもずく、長芋、オクラ、人参を盛り付ける。
③ ポン酢しょうゆをかけていただく。

調理のポイント
納豆特有の粘りが気になるときは、納豆にレモンや酢を数滴たらすと粘らなくなります。

オクラにも長芋と同じようにムチンが含まれているので、納豆の豊富なタンパク質の消化吸収を助け、スタミナの増強に役立ちます。また、肝臓や腎臓の機能を向上させるはたらきもあり、細胞を活性化させるので老化防止にも有効です。

医薬品にも匹敵するナットウキナーゼの効用

ナットウキナーゼは大豆と納豆菌で作られる酵素で、1982年、倉敷芸術大学の須見洋行教授によって発見されました。このナットウキナーゼには脳卒中や心筋梗塞の原因になる血栓を溶かす効用があり、100gの納豆の中に血栓を溶かす治療薬1回分に相当するナットウキナーゼが含まれているのです。納豆は血液サラサラ効果の最も高い食品といわれるのもこんな理由からです。

血液をサラサラにし、肌まできれいにしてくれる
大葉（しそ）とナットウキナーゼ

納豆の青じそ包み揚げ

エネルギー（1人分） 117kcal

材料（4人分）

ひき割り納豆　120g　　大葉　12枚
卵黄　1個　　　　　　片栗粉　2g
万能ねぎ　1本　　　　植物油　適宜
塩　少々

作り方

① 万能ねぎは小口切りにする。
② 納豆に卵黄、①、塩を加えて、かき混ぜる。
③ ②をスプーンですくって大葉の裏側にのせ、葉を二つ折りにして、片栗粉をつけて油で揚げる。

調理のポイント

青じそで包む具は、大さじ1程度が目安。納豆の中に梅肉を加えると、梅干の酸味でさっぱり味に変身。天ぷらの衣をつけて揚げ、大根おろしや抹茶塩を添えても美味しくなります。

大葉はβカロチン・ビタミンEを多く含み、肌の老化防止に効果的。納豆と混ぜることで鉄・ビタミンCが補給でき、貧血などを防ぎます。また、βカロチン・ビタミンE・ビタミンKは脂溶性ビタミンなので、揚げ物にすると吸収率が高くなります。

より美味しく、効果的に食べるための
納豆マメ知識　その1

かき混ぜるほど美味しくなる!?

　納豆をかき混ぜても、ナットウキナーゼやビタミンK2の量は増えません。ただし、かき混ぜてフワフワになることで豆自体のうまみが舌に触れやすくなったり、豆がつぶれることで納豆が発酵するときに豆の中で作られる美味しさの素、グルタミンが表面に出てくるため、うまみは強くなります。

　混ぜる回数は個人の好み次第ですが、"納豆博士"と呼ばれる食文化史研究家の永山久夫氏によれば、右に15回、左に15回かき混ぜた後、しょうゆや薬味を入れて再び数回かき混ぜると美味しくなるとのことです。

なるべく加熱しない

　血液をサラサラにしてくれるナットウキナーゼは、約70℃で失われるという性質があります。また、納豆菌は130℃で死んでしまいます。ですから納豆を調理するときは、できるだけ熱を通さないで食べるのが理想的。揚げものなどにする場合は、衣によく包み、さっと揚げるなど、ちょっとした工夫で損失を少なくすることができます。

夜に食べると効果的

　ナットウキナーゼは脳梗塞などの予防に役立つ酵素ですが、その効果の持続力は8～12時間とされています。脳梗塞は深夜2～3時頃に最も起きやすいといわれているので、夕食のときに納豆を食べると、ナットウキナーゼの持続効果によって血栓を溶かし、脳梗塞を防ぐ効果が期待できるのです。

賞味期限ギリギリが食べごろ

　納豆はもともと発酵食品ではありますが、発酵が進みすぎてベタついてきたり、ひからびたものは食べないようにして下さい。もちろんカビが生えたものも、食中毒になるので絶対に食べないように。ただし、納豆に含まれるナットウキナーゼやビタミンK2は、発酵が進むほどに増えるので、冷蔵庫で熟成させた後、賞味期限ギリギリで食べるのがベストです。

part 2 美容と健康に驚くべきパワー発

薬味とともに海藻や魚介類などの食材と組み合わせて食べると、新しい味を引き出してくれるとともに、体により優しいメニューになります。

若々しい素肌を保つコラーゲンが秘訣の
女性にとって嬉しいメニュー

「モロヘイヤとチーズの納豆和え」

エネルギー（1人分）88kcal

材料（4人分）

納豆　80g
モロヘイヤ　100g
プロセスチーズ　40g
しょうゆ　大さじ1
白ごま　小さじ1/2
塩　少々

作り方

① モロヘイヤは3cmの長さに切って、少量の塩を入れた熱湯で茹でる。冷水に取り、絞っておく。
② チーズは5mm角に切る。
③ ①②と納豆、しょうゆを混ぜ、器に盛り、白ごまを散らす。

調理のポイント

モロヘイヤの旬は夏。ハウス栽培では4月から10月が最盛期です。葉がしっかりしていて、つやがあり、茎が柔らかいものを選びましょう。シュウ酸が強いので、茹でてから使います。刻むと粘りが出て、くせがなく食べられます。

モロヘイヤはビタミン・ミネラルを豊富に含みます。中でもβカロチン・ビタミンEは肌の老化を防ぎ、ビタミンCは納豆・チーズの良質タンパク質からコラーゲンの形成を助けるはたらきがあります。

森のバターといわれるアボカドと納豆の相乗効果できれいな血を作り、お肌をスベスベに

アボカド納豆のヘルシー丼

エネルギー（1人分） 452kcal

材料（4人分）

納豆　200g
マグロのたたき　200g
アボカド　120g
レモン汁　小さじ2
納豆のタレ　2袋
うずらの卵　4個
万能ねぎ　大さじ1
切りのり　適量
しょうゆ　適量
ご飯　4杯分

作り方

① 納豆はタレをかけ、混ぜておく。
② 万能ねぎは小口切りにする。アボカドは1cm角に切り、レモン汁をふりかけておく。
③ 器にご飯を盛り、マグロのたたき、アボカド、①の順にのせ、切りのり、あさつきを散らしてから中央をくぼませ、うずらの卵を盛り付ける。
④ しょうゆをかけていただく。

調理のポイント

ポイントはアボカドにたっぷりのレモン汁をかけておくこと。ビタミンCの補給を促進し、アボカドが黒くなるのを防ぐ効果があります。ご飯に玄米を混ぜるとさらにビタミン、ミネラル、食物繊維が摂れ、酢飯を使うとチラシ寿司風に楽しめます。

良質なタンパク質を多く含む赤身のマグロは、納豆のビタミンB群、アボカドのビタミンC・Eとの組み合わせで、皮膚の代謝を促進してきれいな肌を作ります。また、鉄、ビタミンB6、B12、葉酸が含まれ、造血効果も抜群。アボカドにレモン汁をたっぷりかけるとビタミンCがさらに強化されるので、抗酸化作用が増すほか鉄の吸収もさらに良くなります。さらに、マグロのDHAは集中力を高め、脳神経のはたらきをサポートして老化を抑制し、ボケを防止するはたらきをします。アボカドは「森のバター」と称されるほど不飽和脂肪酸が豊富で悪玉コレステロールを低下させ動脈硬化を防ぎます。

食物繊維と納豆菌の相乗効果がお通じを良くし
生活習慣病を予防

焼きじゃが納豆のせ

エネルギー(1人分) 114kcal

材料(4人分)

納豆　60g
じゃがいも　小4個
バター　20g
塩　少々
パプリカ　少々
ミニアスパラ(飾り用)　12本

作り方

① じゃがいもは皮をむいて大きめの輪切りにし、鍋にかぶるくらいの水とともに入れ、強火にかける。
② ①が沸騰したら中火にし、やわらかくなったら水気をきって塩をふる。
③ 耐熱容器にじゃがいもを入れ、バターをのせて10分程度オーブンで焼く。
④ ③が焼きあがったら上に納豆をのせ、パプリカをふる。

調理のポイント

じゃがいもをオーブンで焼くときは、あらかじめやわらかく下茹でしておきます。外はこんがり香ばしく、中はホクホク美味しい焼き上がりになり、時間も短縮できます。

じゃがいもはカロリーが低く、ビタミンC・B1、食物繊維などを多く含みます。また、カリウムの王様といわれるほどカリウムの含有量が多いので、血圧を下げるはたらきがあります。

卵との組み合わせでレシチンがいっぱい
悪玉コレステロールを追い出して
脳梗塞や心臓病を防いでくれます

納豆オープンオムレツ

エネルギー（1人分）485kcal

材料（4人分）

納豆　100g
卵　8個
納豆のタレ　2袋
クリームチーズ　40g
万能ねぎ　50g
塩・こしょう　適量
植物油　大さじ3
プチトマト（飾り用）　4個

作り方

① 万能ねぎは小口切りに、クリームチーズは1cm角に切る。
② ボウルに卵を割り、塩・こしょう、万能ねぎの2/3を入れてかき混ぜる。
③ 納豆は万能ねぎ1/3と納豆のタレで味付けしておく。
④ よく熱したフライパンに油をしき、やや強火の状態で②を流し込む。
⑤ ④をかき混ぜ、半熟になってきたら少し火を弱め、クリームチーズ、③の順にのせて少し焼き、器に盛り付ける。

調理のポイント

オムレツのポイントは、よくフライパンを熱することと、強火で手早く仕上げること。卵液は空気を含ませるように、大きくかき混ぜましょう。中が半熟状態で納豆にはあまり火を通さないようにすると、美味しくできあがります。

「卵黄にはコレステロールが多い」と思われがちですが、実は、卵自体の代謝によりコレステロールを処理することができます。卵と納豆の組み合わせはレシチンを増やし、血圧を下げる作用が高まるので、悪玉コレステロールが血管壁に沈着するのを防ぎます。また食物繊維が納豆で補われるので、腸内のコレステロールを体外に排出するはたらきも高まります。オムレツを焼くときには植物油を使うと、納豆にも含まれるリノール酸が倍増するので、さらにその効果は増します。付け合わせの野菜をたっぷりにすると、不足しがちなビタミンCが補えて良いでしょう。

納豆のビタミンK₂とモロヘイヤのカルシウムで骨粗しょう症予防に効果抜群

納豆モロヘイヤ

エネルギー（1人分）65kcal

材料（4人分）

納豆　80g
モロヘイヤ　200g
人参　20g
刻みのり　少々
粉さんしょう　少々
しょうゆ　小さじ1

作り方

① モロヘイヤは茹でて3cm程度の長さに切る。人参をせん切りにしておく。
② 納豆とモロヘイヤ、人参を粉さんしょうとしょうゆで味付けする。
③ 最後に刻みのりを散らす。

調理のポイント

モロヘイヤに含まれるムチンは長く茹でると効果が無くなるので、さっと茹でるようにしましょう。

モロヘイヤは「野菜の王様」と呼ばれるほどビタミン、ミネラルの宝庫で、老化防止・生活習慣病予防に大きな力を発揮します。中でもカルシウムはパセリに次ぐ含有量。納豆との組み合わせでカルシウムの吸収を促します。

磯の香りを楽しみながら
抗酸化力や整腸作用をアップ

納豆うにクリーム

エネルギー(1人分) 136kcal

材料(4人分)

納豆　120g
A ┬ 練りからし　小さじ1/2
　├ ゆずこしょう　少々
　├ 黒こしょう　少々
　├ バルサミコ酢　大さじ2/3
　└ しょうゆ　大さじ2/3

生クリーム　50cc
ウニ　40g
アボカド　40g

作り方

① 納豆をAで和える。
② ①にウニと泡立てた生クリームを添え、スライスしたアボカドを盛り合わせる。

調理のポイント
納豆に含まれるナットウキナーゼは、発酵が進むほどにビタミンK2も増えるので、賞味期限ギリギリくらいで食べるのが一番です。家庭でも熟成させていただきましょう。

香りの良い食材は納豆のにおいを和らげて抗酸化力を高めます。ネバネバ食材は胃腸に優しく、発酵食はうまみを高め、整腸作用も強めてくれます。

ゆずの香りがにおいを和らげてくれます
利尿効果を高め、血圧の降下にもおすすめ

納豆みどり酢和え

> エネルギー（1人分）75kcal

材料（4人分）

納豆　120g
きゅうり　1本
ゆずの絞り汁　大さじ1
ゆずの皮　少々

作り方

① きゅうりはすりおろし、ゆずの絞り汁と混ぜ合わせる。
② ゆずの皮はせん切りにする。
③ 器に盛った納豆に①をのせ、②を飾る。

調理のポイント

きゅうりのへたに近い部分には苦味があり、すりおろしたときに美味しさが損なわれます。きゅうりのへたを切り落としたとき、お互いの切り口をこすり合わせると苦味が取れます。

ビタミンC・A、カリウムが増強され、利尿効果が高くなり、血圧の降下にも効果があります。ゆずは香酸柑橘と呼ばれ、さわやかな酸味と芳香で食欲を増進。納豆のにおいが気になる人にはぴったりの薬味です。

納豆のビタミンK₂が骨を丈夫にし
骨粗しょう症を予防してくれます
まさに骨が喜ぶおつまみ

納豆クリスピー

エネルギー（1人分） 117kcal

材料（4人分）

納豆　80g
とろけるスライスチーズ　4枚（80g）
納豆のタレ　1袋
しらすぼし　15g
万能ねぎ　10g
七味唐辛子　適量
ラディッシュ（飾り用）　4個

作り方

① 納豆はタレとよく混ぜておく。
② 電子レンジ対応のシートの上に1枚を4等分にしたチーズ16枚を敷く。
③ ②の上に納豆を小さじ1ずつのせる（写真）。
④ ③の上にしらすぼし、小口切りにした万能ねぎをのせる。
⑤ ④に好みで七味唐辛子をかける。
⑥ ⑤を電子レンジで1分程度加熱する。チーズが蜂の巣のようになってパリッとしたらできあがり。

> **調理のポイント**
>
> 1枚からあっという間にできるので、おつまみに最適。電子レンジの時間はおおよその目安なので、調整しながらお試し下さい。上にのせる具は、ごまやのりなど好きなものでアレンジしてみましょう。

カルシウムの代表選手といえば、牛乳や乳製品ですが、実は納豆にもカルシウムが多く含まれています。納豆、チーズ、しらすぼしは、骨にとって嬉しい組み合わせ。カルシウムが多く含まれるほか、その吸収を助けてくれる栄養素も豊富です。たとえばビタミンKは血液をサラサラにし、骨を丈夫にしてくれます。体内で女性ホルモンと同じようなはたらきをするイソフラボンは「植物由来のエストロゲン」と称され、骨から血液にカルシウムが過剰に溶け出すのを調整して、骨粗しょう症を予防します。

part 3 体に優しい納豆味噌の作り方と応用レシピ

基本の納豆味噌

材料（納豆1パック分）

納豆　50g
味噌　25g
みりん　大さじ1/2

作り方

① 納豆をすり鉢でよくすり、味噌とみりんを加え混ぜる。

発酵食品である納豆と味噌を一緒に摂ると、骨粗しょう症や肝機能の改善に役立ちます。納豆菌によって作られたナットウキナーゼは血栓を溶かすはたらきがあり、脳卒中や心筋梗塞を予防する作用があります。ただし、ナットウキナーゼは加熱すると失われてしまいますので、加熱しないで摂取する必要があります。

「ほうれん草の味噌和え」（①・P38）　　「納豆トースト」（④・P41）
「ピーマンとわかめの味噌添え酢の物」（②・P39）　「納豆からみもち」（⑤・P42）
「茹で豚の納豆味噌がけ」（③・P40）　　「野菜スティック」（⑥・P43）

野菜の中でも特にカロチンや鉄分を多く含むほうれん草
貧血やがんなどの生活習慣病を予防してくれます

ほうれん草の味噌和え

エネルギー(1人分) 32kcal

材料(4人分)

ほうれん草　250g
納豆味噌　大さじ2 1/2
だし汁　大さじ1 1/2

作り方

① ほうれん草は茹でて、食べやすい大きさに切る。
② 納豆味噌にだし汁を加えてのばす。
③ ほうれん草は水気をよくきって器に盛り、②をかける。

調理のポイント

ほうれん草を茹でるときに少量の塩を入れると、葉の色が鮮やかになり、アクが抜けやすくなります。茹でてすぐ冷水に入れると、色がより鮮やかになります。

ほうれん草と一緒に摂ることにより、ビタミンA、鉄分を補充し、貧血の予防に役立ちます。

ビタミンC、カロチン、ポリフェノールが豊かな
ピーマンとわかめ、納豆のベストマッチ
美肌づくりにおすすめの一品

ピーマンとわかめの味噌添え酢の物

エネルギー(1人分) 62kcal

材料(4人分)

- 干しわかめ 8g
- きゅうり 200g
- 黄ピーマン 50g
- 赤ピーマン 50g
- 納豆味噌 大さじ2 1/2
- A
  - 砂糖 小さじ2
  - ごま油 小さじ2
  - 酢 大さじ1 1/2
  - 塩 少々

作り方

① わかめはもどして、水気を絞っておく。
② きゅうりとピーマンは短冊切りにする。
③ ボウルに①②を入れ、Aの材料を加えてよく和える。
④ ③を器に盛り、納豆味噌を添える。

調理のポイント

わかめは水でもどしますが、時間がないときは、ぬるま湯でもどすと短時間でもどります。

豚肉のビタミンB1が疲労を癒し
ごまが血液を浄化してくれます

茹で豚の納豆味噌がけ

エネルギー（1人分）295kcal

材料（4人分）

豚ロース（スライス）　400g
A ┌ 納豆味噌　大さじ3
　├ 白ごまペースト　大さじ2 1/2
　├ ポン酢しょうゆ　大さじ1
　└ だし汁　大さじ1 1/2
トマト　200g
レタス　80g
大葉　4枚

作り方

① 鍋に湯を沸かし、豚肉を1枚ずつ入れて茹でる。
② ①を器に盛り、よく混ぜたAを上からかける。
③ スライスしたトマト、レタス、大葉を添える。

調理のポイント

豚肉はスライス肉の代わりにブロック肉を使っても構いません。その場合、20分ほど茹で、茹で汁につけたまま冷ましましょう。

ごまペーストのビタミンEとリノール酸は血液浄化に効果的です。

納豆味噌とマヨネーズが血液をサラサラにし
さまざまな生活習慣病を防いでくれます

納豆トースト

エネルギー（1人分） 108kcal

材料（4人分）

食パン（6枚切り）　4枚
A［ 納豆味噌　大さじ4
　　マヨネーズ　大さじ1 1/2
万能ねぎ　少々

作り方

① 食パンはオーブントースターで焼く。
② 焼いた食パンによく混ぜ合わせたAを塗り、小口切りにした万能ねぎを散らす。

調理のポイント

納豆味噌はパンを焼いた後でつけましょう。パンに納豆味噌をつけて焼くと、ナットウキナーゼが死んでしまい、効果が期待できなくなってしまいます。

大根のアミラーゼと食物繊維が納豆の整腸作用とともに
お腹をきれいに、元気にしてくれます

納豆からみもち

エネルギー(1人分) 99kcal

材料(4人分)
切りもち　8個
納豆味噌　大さじ4
大根　200g
大葉　4枚

作り方
① 大根はおろしておく。
② もちは耐熱の器に入れ、大さじ1の熱湯をかけてラップをし、電子レンジで1分を目安に加熱する。
③ 軽く水気をきった大根おろしと納豆味噌を和える。
④ やわらかくなったもちと③をよく混ぜる。
⑤ 器に大葉を敷き、その上に④を盛る。

調理のポイント
電子レンジでもちをやわらかくする場合は、様子を見ながら加熱しましょう。

ミネラルやビタミン、食物繊維もバランス良く摂れるから
整腸作用が促され、お肌もきれいになります

野菜スティック

エネルギー(1人分) 89kcal

材料(4人分)

きゅうり　160g
人参　100g
セロリ　80g
納豆味噌　大さじ4
A ┌ 納豆味噌　大さじ3
　 └ マヨネーズ　大さじ1

作り方

① Aの材料をよく混ぜる。
② 納豆味噌とAはそれぞれ器に入れる。
③ きゅうり、人参、セロリはスティック状に切り、背の高いグラスなどに入れる。
④ 野菜スティックに2種のソースをつけながら食べる。

調理のポイント

セロリは切った後、冷水につけると、シャキシャキ感が増して美味しくいただけます。

part 4 においを和らげ、より美味しく食

においを和らげるために…

納豆が体に良いのはわかっていてもちょっとにおいが気になって、という人もいます。
最近はにおいを抑えたものも市販されていますが、
食材との組み合わせや調理方法によってにおいを和らげることができます。

あげればきりがないほど優れたはたらきの
ナットウキナーゼ
お酒好きな方におすすめの一品

納豆の昆布漬

エネルギー（1人分）55kcal

材料（4人分）

納豆　50g
キムチ　100g
細切り昆布　12g
オイスターソース　大さじ1
酒　大さじ1
みりん　大さじ1
レモン汁　小さじ1

作り方

① 材料すべてを混ぜ合わせて密閉容器に入れ、半日以上漬け込む。

調理のポイント

包丁も火も使わず材料をどんどん加えていくだけでできるのが魅力です。辛さが苦手な人はキムチの量を減らして昆布を多めに加えたり、みりんを増やすと良いでしょう。朝作っておけば、晩酌の時間に食べ頃です。

毎晩アルコールを楽しまれる方に是非おすすめなのがこのメニューです。うまみとコクがあって酒のつまみにぴったりですが、酒に合うばかりではないところがポイント。納豆と昆布の組み合わせによって、亜鉛、マグネシウム、カリウムが増え、肝臓細胞のはたらきを助け、細胞レベルから活性化させることができるのです。アルコールの分解にはアルコール分解酵素がはたらきますが、このはたらきにも亜鉛が使われるので、お酒を飲むときにはちょっと多めに亜鉛を取るように心がけましょう。牡蠣のうまみを濃縮したオイスターソースにも亜鉛がしっかり含まれています。レモン汁は納豆のにおい消しのように思われがちですが、レモンのクエン酸とビタミンCには亜鉛を吸収しやすい形に変える役割があります。

骨を丈夫にしてくれる納豆
手作りおやつに取り入れ、子どもにどうぞ
野沢菜と納豆のお焼き

エネルギー(1人分) 236kcal

材料(4人分)

薄力粉　1 1/2カップ
水　1/2cc
塩　ひとつまみ
納豆　100g
野沢菜　100g
おろししょうが　大さじ2/3
植物油　大さじ1
納豆のタレ・からし　各2袋

作り方

① 薄力粉に塩を溶いた水を少しづつ加えていき、耳たぶくらいのやわらかさにしてひとまとめにする。乾燥させないようにラップをかけ(写真)、30〜40分ねかせる。
② 野沢菜は細かく刻んで、納豆、おろししょうが、納豆のタレ、からしとよく混ぜる。
③ ①と②をそれぞれ8等分して、②を①の生地で包む。
④ フライパンに油をひき、③を入れ弱火で両面を返しながら20〜30分焼く。表面にカリッと焦げ目がついたらできあがり。

> **調理のポイント**
>
> 小麦粉をよくこねることが大切です。寒いときは少し温かい水を使うと良いでしょう。中の具が水っぽくならないよう、野沢菜の水分をよくきることがポイントです。

ちょっと目先を変えて、納豆をおやつとしてとり入れてみました。お焼きは昔からある信州の郷土食で、小麦粉でねった生地に具を包んで焼くといったシンプルなものです。今回は乳酸菌のはたらきで納豆のにおいを少なくして、食べやすくするために野沢菜の漬物を利用してみました。よく漬かったもののほうが美味しいようです。ほかに高菜の漬物や、子どもには辛いかと思いますがキムチを利用しても美味しくいただけます。

乳酸菌がにおいを和らげ、まろやかな味に
体の中から美しくしてくれる一品です

めんたいこ納豆

エネルギー（1人分）67kcal

材料（4人分）

納豆　120g
めんたいこ　20g
青じそ　2枚

作り方

① めんたいこの身だけをほぐし出す。
② 納豆を器に盛り、①をのせる。
③ 上にせん切りにした青じそを散らす。

調理のポイント
青じそは少し水にさらしたほうが扱いやすくなります。

納豆嫌いの原因であるにおい、これは乳酸菌のパワーによりかなり解消されます。めんたいこはヨーグルトをはるかに凌ぐとされる乳酸菌をもっており、さらには唐辛子のカプサイシン効果で納豆独特のにおいを和らげてくれます。めんたいことはスケトウダラの卵で、韓国名を明太（ミンタイ）といい、めんたいこは韓国のキムチが起源とも。めんたいこに含まれるグルタミン酸とイノシン酸とのうまみ相乗効果で、塩味をまるくするはたらきがあるので食べやすくなります。

キムチの辛み成分のカプサイシンと
ナットウキナーゼのはたらきがダイエットに効果的

納豆とキムチの袋焼き

エネルギー（1人分）129kcal

材料（4人分）

納豆　100g
キムチ　60g
油揚げ　2枚
しょうゆ　大さじ1
練りからし　少々
植物油　大さじ1
パセリ（飾り用）　少々

作り方

① 油揚げは熱湯を通して油抜きをし、半分に切って袋状にする。
② キムチは粗みじん切りにし、納豆、しょうゆ、からしとよく混ぜ、①の油揚げに詰めて口を楊枝でとめる。
③ フライパンに油を熱し②の両面を弱火でこんがりと焼く。

調理のポイント

油揚げは、油抜きをする前に、まな板の上で表面をさい箸で軽く押すようにころがすと袋状にしやすくなります。時間がない時は、油抜きの代わりにオーブンか網焼きでこんがりと焼いても良いでしょう。

キムチの辛味成分、カプサイシンは中枢神経を刺激してアドレナリンの分泌を促進。脂肪の分解を促すので、ダイエットに効果的です。また、カプサイシンの刺激と食物繊維が便秘を予防し、肌をきれいにします。

においを和らげてくれる高菜漬は、乳酸菌パワーも発揮
ダイエットにおすすめの一品

高菜納豆チャーハン

> エネルギー（1人分） 384kcal

材料（4人分）

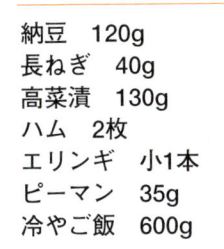

納豆　120g	すりごま　8g
長ねぎ　40g	かいわれ菜　40g
高菜漬　130g	ごま油　7g
ハム　2枚	植物油　6g
エリンギ　小1本	塩・こしょう　各少々
ピーマン　35g	酒　小さじ1
冷やご飯　600g	

作り方

① 長ねぎはみじん切り、高菜漬とエリンギ、ピーマン、ハムはそれぞれ細かく切る。
② フライパンにごま油と植物油を熱し、長ねぎ、ピーマン、エリンギの順に加えて炒める。
③ ②に高菜漬、ハム、納豆を加え、さらに炒める。
④ ご飯を入れて炒め、塩・こしょう、酒で調味し、器に盛る。
⑤ すりごまとかいわれ菜をのせる。

調理のポイント

においを消すため、高菜漬と合わせる段階で納豆をよく炒めること。卵入りにしたり、ちりめんじゃこをプラスすると食感も楽しい上、タンパク質もアップ。味付けは高菜漬の塩分を考慮して塩は少なめに。少量の塩が納豆の甘みを引き出し、酸味（高菜漬）、甘味（納豆）、苦味（かいわれ菜）のコンビネーションが楽しめます。

高菜漬の乳酸菌のはたらきにより、納豆特有のにおいが少なくなります。乳酸菌は生体の免疫を刺激し、がんに対する抵抗力を高める作用があり、また、消化・吸収・排便を促進。納豆にない成分、ビタミンA・Cを高菜漬、ピーマンによって補い、エリンギは食物繊維を補ってくれますので、美容にも最適。かいわれ菜はビタミンCを含むので美容効果があり、また苦味がアクセントをもたらしてくれます。普通のチャーハンよりもずっと低カロリーでバランス良く栄養が摂れるので、ダイエット中の人にも最適。

ごま、くるみ、納豆の組み合わせで
この上なくヘルシーに
動脈硬化や脳梗塞予防におすすめです

納豆五平餅

エネルギー（1人分） 398kcal

材料（4人分）
冷やご飯　480g
納豆　50g
赤味噌　40g
砂糖　60g
黒ごま　15g
くるみ　40g

作り方
① ご飯をレンジで温め、熱いうちにつぶし（写真）、小判型にする。
② くるみとごまを炒り、ごまはすりつぶし、くるみは刻む。
③ 赤味噌、納豆、砂糖と②を合わせて①に塗り、焦がさないようにオーブントースターで焼く。

> **調理のポイント**
>
> 納豆のにおいがほとんどなく、見た目も味も、「五平餅」そのもの。なのに、なぜか「糸を引く」不思議さが魅力です。ごまはよくすりつぶしたほうが消化が良くなり、成分を効率よく吸収することができます。焼く際は遠火の強火か弱火でじっくりと。味噌は焦げやすいので、先にご飯を焼いて焦げ目をつけてから、味噌をのせて焼いたほうが調節しやすいでしょう。

ごま・くるみ・納豆の組み合わせで高血圧/血栓症の予防、抑制効果がさらに高まり、心筋梗塞、脳梗塞等の予防、抑制に効果があります。さらにビタミンEのトリプルパワーで動脈硬化の予防に役立ち、体のすみずみまで酸素を運んで、体に若々しさを取り戻します。くるみの脂質の7割は不飽和脂肪酸で、血管に付着したコレステロールを取り除いてくれるため、血液を浄化する効果が高まります。

アトピー性皮膚炎や花粉症、気管支ぜんそくなど
アレルギー症を抑えてくれるありがたいメニュー

納豆入りスコッチエッグ

> エネルギー（1人分）371kcal

材料（4人分）

A
- ひき割り納豆　100g
- 豚ひき肉　180g
- ナツメグ　少々
- 酒　大さじ1
- にんにく　小1かけ
- 長ねぎ　30g
- 塩・こしょう　各少々
- 溶き卵　30g
- 生パン粉　40g

- 卵　4個
- 小麦粉　10g
- 卵　20g
- パン粉　25g
- 植物油　適量
- しょうゆだれ
  - しょうゆ　大さじ1
  - 砂糖　大さじ1/2
- サラダ菜（飾り用）　4枚
- プチトマト（飾り用）　6個

作り方

① 卵4個は茹でて殻をむいておく。
② にんにく、長ねぎはみじん切りにして、Aの材料をよく混ぜ、ハンバーグだねを作る。
③ ①の卵を②で包んで、小麦粉、卵、パン粉をつけて油で揚げる。
④ しょうゆだれをかけて食べる。

> **調理のポイント**
>
> 納豆の粒が気になる場合は、細かくたたくと、ひき肉とよく混ざって、ほとんどわからなくなります。タレはお好みで、トマトケチャップ、ウスターソース、マヨネーズなどを使ってもよく合います。

見た目のかわいらしさから、子どもにも人気のスコッチエッグに納豆を加えることで、栄養的にも満点で、しかも風邪の予防にも効果抜群のおかずにしてしまいましょう。納豆に含まれるビタミンK2がアレルゲンへの反応を抑えるはたらきをします。また、揚げ油にも秘密があります。植物油（なたね油など）に含まれるアルファーリノレン酸が増えることによりアトピー性皮膚炎、花粉症、気管支ぜんそくなどのアレルギー症状にも効果抜群！美味しいだけでなく、アレルギー症状を抱える家族みんなにうれしい一品です。

part 5

血液をサラサラにし、体の中から

驚くほど体に優しい食品

納豆にはナットウキナーゼのほかにもビタミンKやビタミンB、イソフラボン、レシチンなど健康維持や美容に大切なはたらきをする成分がいっぱい含まれています。

美しくなるために

ダイエットしながら健康で美しくありたい…
そんな人におすすめの一品

炒り納豆ライスサラダ　レタス巻き

エネルギー（1人分）289kcal

材料（4人分）

納豆　100g
バター　少量
納豆のタレ　2袋
ご飯　4杯分
紅しょうが　10g
ハム　2枚
きゅうり　1本
塩　少々
ミックスベジタブル　20g
レタス　適量

作り方

① 納豆はバターでさっと炒めて納豆のタレで味付けする。
② 紅しょうがはみじん切り、きゅうりは薄切りにして塩でもんでしんなりとさせる。ミックスベジタブルは湯でもどす。ハムはみじん切りにする。
③ ご飯に①②を混ぜ、レタスにのせて包みながら食べる。

調理のポイント

納豆をバターでさっと炒めておくことがポイントです。コクが出てタレがよくからみ、美味しさが増します。

レタスで包んで食べるので、ボリュームがあり低カロリー。ダイエット時のおすすめメニューです。納豆はレタスと一緒に食べることにより、鉄やカルシウムなどのミネラルがはたらいて、皮膚細胞の再生を促進してくれます。また美容ビタミンともいわれるビタミンC・Eの補強で美肌効果につながります。ダイエット時はカロリーのことばかり気にかけますが、栄養のバランスを考えたメニューにしないと健康的にきれいに痩せることはできません。これにフルーツやヨーグルトをプラスすると、立派なワンプレートデッシュになります。

コレステロールがほとんどない納豆
さらにエビのタウリンが
悪玉コレステロールを抑えてくれます

納豆生春巻き

エネルギー（1人分）212kcal

材料（4人分）

- ひき割り納豆　50g
- ライスペーパー　8枚
- 豚薄切り肉　80g
- むきエビ　8匹
- マヨネーズ　大さじ2
- にら　16本
- サラダ菜　8枚
- 大葉　8枚
- 香菜　適量
- 塩　少々
- タレ
  - ニョクマムかナンプラー　大さじ2
  - レモン汁　大さじ2
  - 砂糖　大さじ2
  - にんにく　1片
  - 赤唐辛子　1本
  - 水　大さじ4

作り方

① 豚肉は塩茹でし、5mm幅くらいの細切りにする。むきエビは塩水で洗って茹で、半分の厚さに切る。にんにくはみじん切り、赤唐辛子は小口切りに、にらはさっと茹でておく。
② サラダ菜の上に大葉、香菜をのせ、その上にマヨネーズとよく混ぜ合わせた納豆と豚肉をのせ包む。
③ 霧吹きで湿らせたライスペーパーに②をのせ半分まで包んだら、にらとエビを並べてのせ、一緒に包み込む。
④ タレの材料を合わせ、③の生春巻きに添える。

調理のポイント

ライスペーパーは、お米から作られた薄い紙状の食品です。一度もどした皮は時間がたつと乾いて巻きにくくなるので、使う前に霧吹きで湿らせるか、水を含ませたふきんにはさんでおきましょう。

見た目もきれい！今アジアブームで大人気の生春巻きです。納豆を加えることで、血栓症の予防になります。納豆のレシチン、マヨネーズのリノール酸は、話題の血液サラサラ効果があります。その上エビが加わるとタウリンという栄養成分がコレステロールを抑制し、生活習慣病の予防にもなります。豚肉には、成長に不可欠な良質のタンパク質がたっぷり、さらに納豆との食べ合わせによりコリンという成分が増え、脳内のモルヒネを活性化させ記憶力・集中力がアップします。また納豆・ニラ・大葉の食べ合わせにも強力なパワーがあります。ビタミン、ミネラルが豊富で特にビタミンAがのどや鼻の粘膜の壁を強化してくれるので、風邪のウイルスから身体を守ってくれます。疲れた時など、いろいろな食材を使って、手軽に作れる生春巻きをぜひお試しください。

骨粗しょう症に抜群の組み合わせ
女性やお年寄りに嬉しいメニューです

ごま豆腐の納豆ソースかけ

エネルギー（1人分）224kcal

材料（4人分）

ごま豆腐　440g（1人分110g）
納豆　100g
しらすぼし　15g
小松菜　30g
ごま　大さじ1
白味噌　10g
砂糖　7g
酒　2g

作り方

① ごまは香ばしく煎ってすりつぶす。
② 小松菜は茹でて、小さく刻む。
③ 納豆、しらすぼし、小松菜、ごま、調味料を混ぜ合わせ、市販のごま豆腐にかける。

調理のポイント

ごま豆腐は冷奴、卵豆腐で代用しても美味しくできます。小松菜は塩をひとつまみ入れ、茹でて絞っておきましょう。水気があるとタレが薄くなります

抗酸化作用が健康で美しい体をつくってくれる

コレステロールがほとんどなく、むしろ、悪玉コレステロールを減らすはたらきをする納豆。また優れた抗酸化作用などで生活習慣病を防いでくれるとともに、美肌にも効果があります。

市販のごま豆腐にひと工夫加えて作る栄養満点の一品。小さくても栄養価抜群のごま、カルシウムがたっぷりのしらすぼし、これまた野菜の中ではカルシウム含量がたいへん多い小松菜、ここに納豆が加われば怖いものはありません。女性やお年寄りが心配な「骨粗しょう症」の予防に効果抜群の料理です。私たちの骨や歯はその大部分がカルシウムで形成されているのですが、実は血液中にもカルシウムは含まれていて、足りなくなると骨や歯のカルシウムが溶け出してしまうのです。そうなると大事な骨が「スカスカ」になってしまいます。ですから、毎日カルシウムを摂ることがとても大事。嬉しいことに納豆に含まれるビタミンKは骨にカルシウムを取り込むのを助け、骨を丈夫にしてくれます。まさに毎日食べたい食品です。

ナットウキナーゼとねぎのアリシンが
ドロドロの血液をサラサラに

トロトロ味噌雑炊

エネルギー（1人分） 193kcal

材料（4人分）

ひき割り納豆　50g
ご飯　2カップ
なめこ（生）　1袋
オクラ　5本
豆腐（木綿）　1/2丁
だし汁　4カップ
味噌　大さじ4
七味唐辛子　少々
万能ねぎ（小口切り）　小さじ1
粉チーズ　小さじ1

作り方

① オクラは小口切り、豆腐は1cmのさいの目切りにして、なめこは洗っておく。
② 沸騰しただし汁になめこ、豆腐、オクラを入れる。火が通ったら味噌を溶き入れ、納豆を加えてひと煮立ちさせる。
③ ②にご飯を加え、さっと火を通してできあがり（温かいご飯の場合は、茶碗にご飯を盛り②をかける）。
④ 食べる前に七味唐辛子、万能ねぎ、粉チーズをかける。

調理のポイント

納豆となめこのとろみ、オクラの歯ごたえと、ご飯のサラサラ感がマッチした一品。なめこ・豆腐・オクラで味噌汁を作り、納豆とご飯を加えたら、さっと火が通るくらいにして、煮すぎないのがポイント。だし汁は昆布ベースが良いでしょう。

オクラに含まれるムチンは、納豆・豆腐・チーズに含まれる良質タンパク質の消化吸収を無駄なく補います。唐辛子の辛味成分のカプサイシンがアドレナリンの分泌を促進し、脂肪の分解を促します。ねぎに含まれるアリシンは血小板が血液中で固まってドロドロ血液になるのを防ぎます。

ミネラル、ビタミンC、食物繊維がいっぱいの
切り干し大根と納豆のドッキング
美容に最適な食べ合わせです

なます納豆

エネルギー（1人分）50kcal

材料（4人分）

- 納豆 25g
- 切り干し大根 25g
- 人参 50g
- 小松菜 30g
- きくらげ（乾）0.3g
- A
  - レモン汁 50cc
  - 砂糖 6g
  - だし汁 100cc
- 炒りごま 4g

作り方

① 切り干し大根ときくらげを水でもどした後、適当な長さに切る。人参はせん切りに、小松菜は茹でて、みじん切りにする。
② だし汁に小松菜以外の①を入れ、やわらかくなるまで火を通し、Aを加えてひと煮立ちさせる。
③ ②によくねった納豆と小松菜を加えて混ぜ合わせる。
④ ③を器に盛り、上からごまをかける。

調理のポイント

風味を損なわないようにするため、レモン汁を入れてからは必要以上に火にかけ過ぎないようにしましょう。

切り干し大根はミネラルやビタミンが豊富な上、食物繊維も多く、美容には最強です。レモンに含まれる豊富なビタミンCの効果で、本来水に溶けにくく吸収されにくいミネラルが、体内で吸収されやすい形に変化、いわゆるキレート作用をおこし効果的な食べ合わせになります。また、酢によって納豆の粘り気がなくなり、食べやすくなります。

より美味しく、効果的に食べるための
納豆マメ知識　その2

納豆の種類とそのパワー
　糸引き納豆には丸大豆納豆（大豆を丸ごと煮たもの。最も一般的なもの）、ひき割り納豆（大豆を煎って石臼で粗く挽きわり、表皮を取り除いてから煮たもの）、五斗納豆（山形県米沢地方の郷土食で、挽きわり納豆に麹と塩を混ぜ、熟成させたもの。現在は塩分を減らし、雪割納豆の商品名で市販されている）などがありますが、納豆パワーが一番なのはひき割り納豆。これは、納豆菌が大豆に触れる面積が大きいほど発酵が進みやすいためで、丸大豆納豆なら、大粒より小粒の物のほうが、より納豆の効能が高いのです。

食べる量は1日40～50gが理想的
　血液をサラサラにし、血栓を防いでくれる酵素、ナットウキナーゼの持続力は約半日間なので、納豆はできれば毎日食べるのが理想的です。量としては、健康な成人なら1日に40～50gは食べたいところ。ちなみにカロリーは、1パック（50g）が約100kcalです。

ドライ納豆やふりかけ納豆にもパワーは健在
　おつまみやおやつ感覚で食べられるドライ納豆やふりかけ納豆が市販されています。加工段階で高熱処理されていると、ナットウキナーゼが失われている場合がありますが、最近ではフリーズドライ製法で加工され、ナットウキナーゼが残っている製品も開発されています。

冷凍保存OK！
　納豆を買い置きしたいときやたくさん買いすぎてしまったときは、冷凍保存がおすすめ。納豆菌は低温になると胞子になって休眠するので、冷凍しても効能は落ちません。冷凍する際、パックをビニールやラップで覆って空気を遮断すると、水分が失われにくくなります。食べる前日に冷蔵庫に移して自然解凍すれば、おいしく食べられます。

part 6　とことん納豆を活かしたアイデ

> **調理のポイント**
> 弱火でじっくり焼く料理。フッ素樹脂加工（テフロン加工）のフライパンが最適。裏返すときは、鍋ブタや平皿で押さえて返すと、崩れにくく上手にできます。

しめじと納豆の組み合わせで、食物繊維・ビタミンB2が増強され、中性脂肪やコレステロールの生成を抑制します。また、ひじきとの組み合わせでビタミンA・Cが増強され、皮膚粘膜を強くします。カルシウムに富み、アレルギー反応を抑えます。

アメニュー

山と畑の恵みと磯の幸が
肌を丈夫に、美しくしてくれます

きのこと納豆の具だくさんオムレツ

　エネルギー（1人分）282kcal

材料（4人分）

納豆　70g
えのき茸　100g
しめじ　100g
生しいたけ　100g
ひじき（乾）　10g
植物油　大さじ1 1/2
万能ねぎ　30g
卵　8個
A ┌ 酒　大さじ1
　├ しょうゆ　小さじ1
　├ 塩　小さじ1/4
　└ こしょう　少々
赤ピーマン（飾り用）　20g
ピーマン（飾り用）　20g

作り方

① きのこは石づきを落とす。えのきは長さを半分に、しめじは一口大にほぐし、生しいたけはスライスする。
② ひじきは20分くらい水につけもどす。
③ ①②を少量の油で炒めておく。
④ 万能ねぎは1〜2cm長さに切る。
⑤ 卵を割りAを混ぜ、冷ました③と万能ねぎ、納豆を加えてよく混ぜ合わせる。
⑥ フライパン（直径18cmくらいのもの）に油をひき⑤を入れ、大きくかき混ぜながら半熟状になるまで焼く。平皿を使って裏返し、反対側も色づくまで焼く。

老化を防ぐビタミンEは揚げ物にすることで吸収率がアップ

竹輪の納豆詰め揚げ

エネルギー(1人分) 110kcal

材料(4人分)

納豆　80g
竹輪　小4本
万能ねぎ　2本
しょうゆ　大さじ1
小麦粉　大さじ3〜4
卵　1個
のり　1/4枚
植物油　適宜
すだち(飾り用)　2個

作り方

① 竹輪は縦半分に切る。万能ねぎは小口切りにする。
② 納豆とねぎ、しょうゆを混ぜる。
③ 溶き卵、小麦粉、水で衣を作る。
④ 竹輪の溝に②の納豆を詰め、のりを巻き(写真)、衣をつけて油で揚げる。

調理のポイント

のりの代わりに大葉を使っても良いでしょう。のりを巻くときに端に衣を薄くつけておくときれいに巻けて、はがれません。

ねぎに含まれるアリシンとビタミンB1が糖質のエネルギー効率を高め、疲労回復を助けます。老化防止作用があるビタミンEは揚げ物として食べると吸収率が高くなります。

69

豆腐と納豆で大豆がもっている良さを
丸ごと摂り入れられるので、美容にも最適です

豆豆バーグ

エネルギー（1人分） 163kcal

材料（4人分）

納豆　50g
豆腐（木綿）　300g
A ┌ 卵　60g
　│ 片栗粉　60g
　│ 塩　2g
　│ こしょう　適量
　└ しょうゆ　12g
しらすぼし　4g
白・黒ごま　各1g
赤・黄・緑ピーマン　各8g
パセリ（飾り用）　適量

作り方

① ボウルに水切りした豆腐とAの材料を入れて混ぜ合わせる。
② テフロン加工のフライパンに、①をスプーンで適当な大きさにすくって入れる（写真a）。ごま、みじん切りのピーマン、しらすぼしをそれぞれトッピングし（写真b）、中まで火が通り、薄いこげ色がつくまで両面を返しながら焼く。

a　　　　　　　　　b

調理のポイント

豆腐は固めの木綿豆腐がパリッと焼けるのでおすすめ。細かくくずさず、粗さの残っているほうが、見た目にも良い感じです。しらすぼしの代わりに桜えびなどでも良いでしょう。

表面をパリパリッと焼いたライト感覚の一品。香ばしい風味が、子どもからお年寄りまで喜ばれます。豆腐を加えることにより、カルシウムなどミネラルが補強できます。また、食物繊維なども多く美容にも最適、おやつ感覚で食べられます。

ちょっと血圧が気になる方に特におすすめの料理
大切な働きをする成分がいっぱいです

ギリシャ風いかめし

エネルギー（1人分） 360kcal

材料（4人分）

納豆　50g
スルメイカ　4杯
玉ねぎ　30g
ご飯　300g
塩・こしょう　各少々
ピーマン　30g
レーズン　大さじ2
ベーコン　1枚
ひき肉　50g
オリーブオイル　大さじ1
乾燥バジル　小さじ1
ガーリックパウダー　少々

トマトソース
- 水　100cc
- トマト缶　400g
- オリーブオイル　大さじ1
- 塩・こしょう　各少々
- 玉ねぎ　100g
- ピーマン　1個

作り方

① フライパンにオリーブオイルを熱し、みじん切りした玉ねぎとひき肉、ベーコン、ピーマンを炒め、ご飯、レーズンを加えてさらに炒め、塩・こしょうをする。

② ①に納豆、乾燥バジル、ガーリックパウダーを加える。

③ トマトソースを作る。鍋にオリーブオイルを熱し、みじん切りにした玉ねぎと細目切りにしたピーマンを炒めて水とトマトを加え、塩・こしょうしてよく煮る。

④ 処理したイカに②を詰めて、楊枝で閉じ、③のソースの中でイカに火が通るまで煮込む。

調理のポイント

イカは刺身用の新鮮なものを使うと、加熱する時間が短時間で済むので、中の納豆の酵素の死滅が最小限に抑えられます。トマトは生の物よりも、イタリアの長細いトマトの缶詰のほうがソースにはよく合います。

ハーブとにんにくとオリーブオイル、そして新鮮なシーフードと、地中海料理に欠かせない材料をそろえ、そこに納豆を加えてみたらヘルシーで美味しいメニューになりました。納豆とイカを取り合わせることで血中コレステロールを下げるタウリン、ビタミンEが補強され、さらにその抑制効果が高まります。トマトに含まれる豊富なビタミンCは細胞と細胞をしっかりつなぐコラーゲンを作り、高血圧で老朽化した血管を丈夫に保ってくれます。ミネラルではカリウムが血液中の塩分を排泄してくれるので血圧低下に役立ちます。このはたらきは加熱によって多少失われてしまいますが、レーズンとレモンで復活します。ときにはワイン片手におしゃれで体に優しい料理を楽しんでみてはいかがでしょうか。

レシチンがいっぱいの納豆は
脳のはたらきを強め、集中力・記憶力・学習力をアップ
まさに健脳食

カレー納豆焼きそば

エネルギー(1人分) 544Kcal

材料(4人分)

納豆　50g
中華麺　4玉
ツナ(缶)　70g
ブロッコリー　100g
塩　少々
玉ねぎ　1個
ソース ┌ カレー粉　大さじ2
　　　 │ マヨネーズ　大さじ4
　　　 └ ウスターソース　大さじ4
植物油　適宜
塩・こしょう　各少々

作り方

① 中華麺は水で洗いほぐしておく。
② ツナは油気をきり、ブロッコリーは小房に分けて塩茹でする。
③ 納豆はみじん切りにし、玉ねぎは薄切りにする。
④ ソースの材料を混ぜ合わせる。
⑤ フライパンを熱し、油をなじませ、玉ねぎ、ブロッコリー、納豆の順に炒め、中華麺を加えて炒め合わせる。
⑥ ⑤にツナを加え、塩・こしょう、④のソースで味を調えて、器に盛る。

調理のポイント

ブロッコリーは小房に分けて茹でると早く火が通り、ビタミンCの損失が少なくてすみます。葉や根元の固い茎を切り落とし、枝分かれした茎に包丁を入れて、1房ずつ切り分けましょう。

納豆は大豆の加工食品の中でもリン脂質の一種であるレシチンを多く含んでいます。レシチンは吸収されると血中のコリン濃度を引き上げ、脳内でアセチルコリンという物質になります。この物質は脳内の情報伝達物質のひとつで、記憶の形成に大きな役目を果たすため、納豆を食べると記憶力や集中力・学習能力を強化できるのです。子どもの好きなカレー味の焼きそばは、夜食などにぴったりの献立です。

魚介類と野菜がたっぷりの女性に優しいメニュー
更年期障害も和らげてくれます

納豆パエリヤ

エネルギー（1人分）440kcal

材料（4人分）

納豆　50g
米　2カップ
にんにく　1/2かけ
玉ねぎ　1/2個
ピーマン　1個
赤ピーマン　1/2個
マッシュルーム　4個
アサリ　8個
イカ　1杯
エビ　8尾
カレー粉　小さじ1/2
コンソメの素　1 1/2個
湯　2カップ
サフラン　5〜6本
塩・こしょう　各少々
オリーブオイル　大さじ2

作り方

① にんにくと玉ねぎはみじん切り、ピーマンは縦細切り、マッシュルームは薄切りにする。イカは食べやすい大きさに切り、エビは背ワタを取る。納豆はカレー粉とよく混ぜ合わせる。
② パエリヤ鍋かフライパンにオリーブオイル大さじ1を熱し、にんにくと玉ねぎ、ピーマン、マッシュルーム、イカ、エビも加えてよく炒める。
③ ②にオリーブオイル大さじ1を足し、米を加え弱火でゆっくりと炒める。
④ コンソメの素を2カップの湯で溶き、サフランを入れて色をつける。
⑤ ③の上に④を加えて混ぜ、塩・こしょうで味を整え、フタをして弱火で20分ほど煮る。
⑥ 最後にアサリと納豆を散らして再びフタをして5分ほど煮る。少し焦げ目がつくくらいにしてから火を止める。

調理のポイント

米は透明になるまで気長に炒めるのがコツです。鍋（またはフライパン）にフタがなければアルミホイルをしっかりとかぶせましょう。オリーブオイルの代わりにサフラワーオイルを使うと、コレステロールを抑制するはたらきが、さらにアップします。

最近アウトドア料理としても人気のスペイン風炊き込みご飯のパエリヤは、家庭のフライパンでも簡単にできます。ご飯に美しい色と香りを添えるサフランは、納豆と組み合わせることにより豊富な美容ビタミンＥ、抗酸化作用セレンなどの成分が増え、女性の更年期障害予防・抑制効果がさらに高まります。また、ピーマンのビタミンＣは加熱にも強く残存率も高いので、ビタミンＥとともに肌を老化させる活性酸素を消去するのに役立ちます。そのほか、イカやアサリに含まれるタウリンが血液中の余分なコレステロールを抑制するはたらきがあり、動脈硬化などにも有効です。季節によりお好みの魚介類や野菜を入れて、我が家風のパエリヤを考案するのも良いでしょう。

疲れた胃や肝臓を元気にしてくれる一品
動脈硬化予防にも役立ちます

納豆の蒲焼

揚げたてを食べるとトローリネバネバ！少し甘めにすれば子どもにも大人気。またお父さんの晩酌のおかずに最高の一品です。焼きのりと納豆は相性バツグンで、焼きのりに含まれるビタミンB12と納豆に含まれるビタミンKが骨を丈夫にしてくれます。また、のりのカロチンと納豆のビタミンEが悪玉コレステロールの酸化を防ぎ動脈硬化を予防してくれます。さらに自然薯に含まれるアミラーゼ・ジアスターゼ（消化酵素）は非常に消化が良く、疲れた胃を助けてくれます。あのヌルヌルとした粘り成分のムチンは、肝臓の機能を保護するといわれています。アルコールで疲れた肝臓と胃を助けるためにぜひ試してほしい一品です。

エネルギー（1人分）260kcal

材料（4人分）

ひき割り納豆　100g
焼きのり　大2枚
自然薯　320g
溶き卵　20g
片栗粉　10g
砂糖　60g
しょうゆ　20g
焼肉のタレ　40g
揚げ油　適量
オクラ（飾り用）　8本

作り方

① すり下ろした自然薯に納豆を加え、溶き卵と片栗粉を混ぜる。
② 焼きのりに①を塗り（写真）、油で揚げる。
③ 鍋に砂糖、しょうゆ、焼肉のタレを煮立て、②を入れてさっと煮る。

調理のポイント
揚げるときは、鍋肌から滑り込ませるように入れましょう。まれに自然薯の粘りでかゆくなる方がいるので、ネバネバした部分にはなるべく触らないようにすり下ろしてください。

納豆の血液サラサラ効果にマヨネーズの血流改善作用がプラス
簡単に作れて、体にとても優しいのです

納豆ほっとサンド

エネルギー（1人分）363kcal

材料（4人分）

納豆　200g
食パン　4枚（6枚切）
マヨネーズ　20g
とろけるチーズ　4枚（80g）
きざみパセリ　少量
オニオンスライス　40g
タバスコ　適宜
クレソン（飾り用）　12g
ラディッシュ（飾り用）　8個

作り方

① 食パンにマヨネーズで和えた納豆をのせてオーブントースターで焼く。
② パンが茶色くなりかけたら一度取り出し、とろけるチーズをのせ再び焼く。
③ チーズが溶けたら取り出し、仕上げにオニオンスライスときざみパセリを散らす。
④ 好みでタバスコをふって食べる。

調理のポイント

オニオンスライスはパンの上にのせていっしょに焼いてもいいですが、水分が出るので、仕上げにのせるほうがおすすめです。

朝の忙しいときの一品としておすすめ。タンパク質、カルシウムがこれひとつでたっぷり摂れます。また、マヨネーズに含まれるレシチンやリノール酸の増強効果により、血流改善効果も高まります。

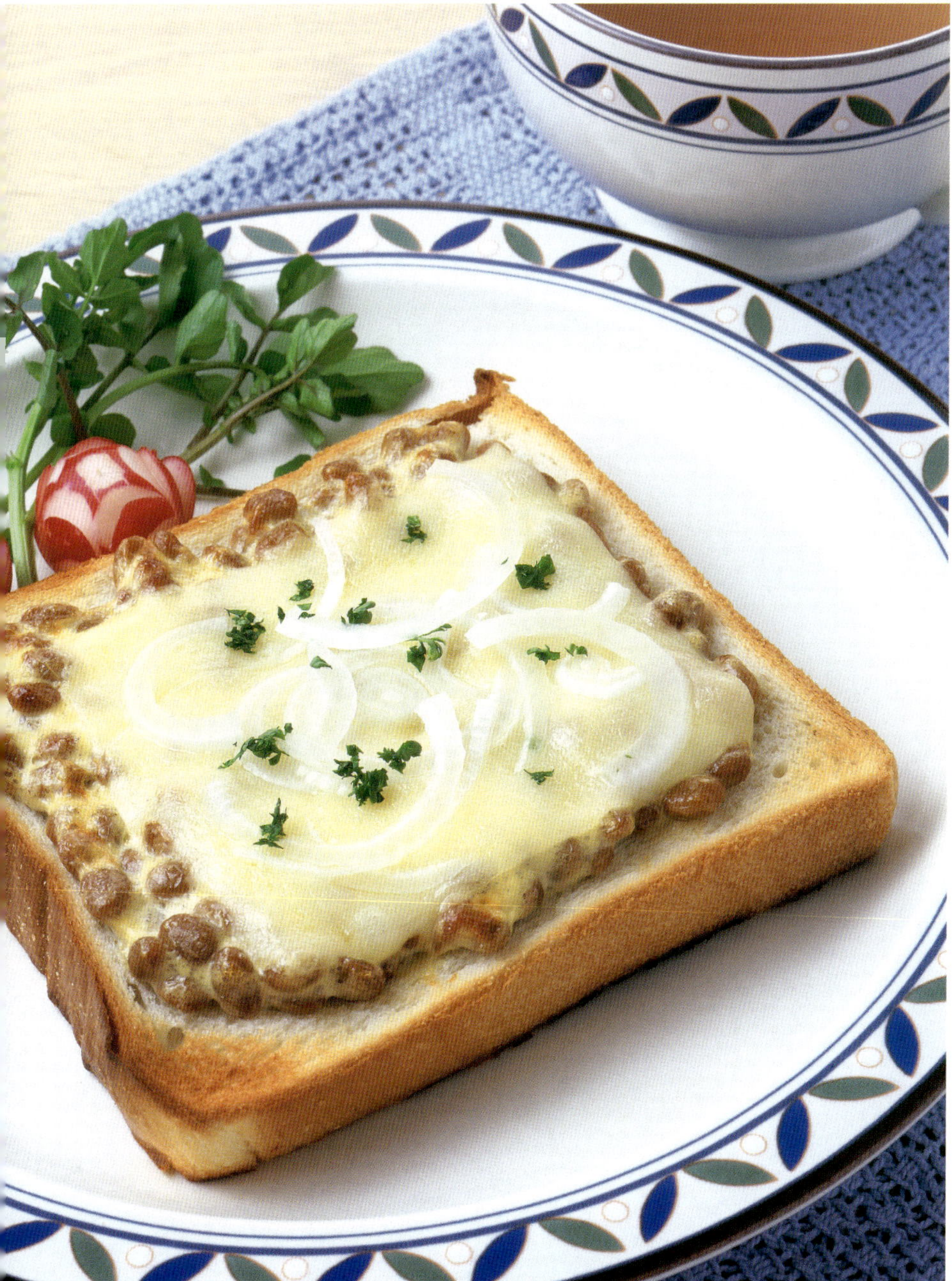

カルシウムの吸収を良くするビタミンKが抜群の納豆
さらに骨を丈夫にするチーズが加わり
骨粗しょう症予防に嬉しいメニューになりました

納豆チーズ春巻き

> エネルギー（1人分）291kcal

材料（4人分）

納豆　100g
納豆のタレ・からし　各2袋
春巻きの皮　8枚
味付のり　8枚
プロセスチーズ　10g×8枚
揚げ油　適量
トマト・レタス（飾り用）　適量

作り方

① 納豆はタレ・からしを混ぜて8等分にする。
② 春巻きの皮で①と味付のり、チーズを包んで180℃の油でカリッと揚げる。
③ お好みでトマト、レタスをつけ合わせる。

調理のポイント

中に入れるものは、ツナ、カニ、かまぼこ、アスパラガスなどでもOK。冷蔵庫の残り物が、おしゃれな一品に大変身です。

体に良いと知られる納豆ですが、最近発見された効能があります。骨を強くするのにカルシウムが大切というのはよくいわれますが、ビタミンKも骨の形成に深く関わっているということがわかってきました。納豆は食品の中で最もビタミンKを含んでいるのです。今回はこの納豆にカルシウムたっぷりのチーズも加えてみました。小さい頃から納豆を頻繁に食べていれば、骨の形成を助け、骨粗しょう症を予防できます。

血圧降下作用や抗酸化作用をもつ
ナットウキナーゼのパワー
日本人が作り上げた食品の傑作といえるでしょう

納豆の鉄砲揚げ

エネルギー(1人分) 232Kcal

材料(4人分)

納豆　80g
長ねぎ　大1本
のり　2枚
人参　40g
ミニアスパラガス　30g
天ぷら衣 ┌ 薄力粉　3/4カップ
　　　　├ 卵　1個
　　　　└ 冷水　1/2カップ
揚げ油　適量
カレー粉　大さじ1
塩　大さじ1

作り方

① 納豆はたたいて細かくする。
② 長ねぎを5cm程度に切り、中を抜く。
③ 抜いた中身のねぎは細かく刻み、①と混ぜておく。
④ ②で残った外側のねぎの中に③を詰める（写真）。
⑤ ④にのりを巻く。
⑥ 人参は3cm長さのせん切りにしておく。
⑦ 天ぷらの衣を作り⑤につけ、180℃ぐらいの油で揚げる（人参とアスパラガスも衣をつけて揚げる）。
⑧ カレー粉と塩を混ぜて好みでつけて食べる。

> **調理のポイント**
> 納豆をイカやオクラと和えたり、天ぷらにするには、包丁でよくたたくと風味が増します。

納豆には大豆タンパク、リノール酸、サポニン、カリウムなど高血圧に効果があるといわれる成分がたくさん含まれているので、血圧の改善に効果があります。揚げ物は減塩になりますから高血圧の方にはおすすめです。また、体内の活性酸素を抑制するビタミンEも多いので、老化防止も期待できます。

かぼちゃと納豆のマッチングで
生活習慣病予防に最適なメニューに。がん予防にもおすすめ

「納豆とかぼちゃのキッシュ」

エネルギー（1人分） 356kcal

材料（4人分）

納豆　50g
冷凍パイシート　200g
玉ねぎ　50g
かぼちゃ　140g
ベーコン　50g
バター　40g
にんにく　1片
塩・こしょう　各少々
卵　大2個
生クリーム　50g
レモン汁　大さじ1

作り方

① パイシートは室温にもどしてフォークで穴をあけておく。
② かぼちゃは0.5cmのいちょう切り、玉ねぎはみじん切り、ベーコンは0.5cm長さに切る。
③ フライパンにバターを熱し、にんにくを炒め②を加えてよく炒め、塩・こしょうする。
④ ボウルに卵を割りほぐし、生クリームとレモン汁をかけた納豆を加える。
⑤ 直径10cmのリング型に①のパイシートを敷き、③を並べ④をかける。
⑥ 200度のオーブンで20〜25分焼く。

調理のポイント

キッシュは4人分を一度に大きく焼いて切り分けても良いですし、一人分ずつ小さくしてもかわいらしく仕上がります。底の抜けたタルト型がなければ、牛乳パックを3〜4cmの輪切りにしてアルミ箔で包むと代用できます。

納豆はかぼちゃと食べ合わせることで、さらに抗がん作用が高まるといわれています。その秘密はβカロチン。かぼちゃの黄色い果肉の色はβカロチンの色ですが、このβカロチンはがんの発生を防いだり、免疫機能を高めてがん細胞が発生したときに戦ってくれるマクロファージなどのはたらきを強力にします。さらに納豆にはちょっぴり不足しているビタミンA・Cは、かぼちゃを摂ることで補えるので、まさにこの食べ合わせは「鬼に金棒」というわけです。水や火に弱いビタミンCですが、かぼちゃの場合加熱による損失が少ないので有効に使えます。このビタミンAは油と取り合わせることで吸収率が高まります。キッシュに使われているバターと生クリームがその役割を担いますが、生クリームを牛乳に代えても、十分ビタミンAの吸収を高める効果があります。

アトピー性皮膚炎や花粉症の方におすすめ
ビタミンC・Eやイソフラボンが体の酸化を防いでくれます

納豆かき揚げそば

エネルギー(1人分) 645kcal

材料(4人分)

納豆　100g
玉ねぎ　80g
三つ葉　50g
干しエビ　20g
天ぷら粉　100g
水　65～70g
揚げ油　適宜
塩・こしょう　各少々
そば(乾)　280g
そばつゆ　1400cc

作り方

① 玉ねぎは薄切り、三つ葉は2～3cmの長さに切って、塩・こしょうをふる。
② 天ぷら粉と水を合わせて衣を作り、①と干しエビ、納豆を入れて混ぜる。
③ 170℃の油で平たく揚げ、三つ葉の緑が鮮やかなうちに油から取り出す。
④ 茹でたそばに熱したそばつゆをかけ、③を上にのせる。

調理のポイント

かき揚げは、具に塩をした際に出る水分を考え、衣に水を入れすぎないように。冷たいそばの場合は、そばとかき揚げを別の皿に盛り、つけ汁を用意すると良いでしょう。

納豆に含まれるカルシウムとマグネシウムに、三つ葉のビタミンC・Eが補強され、ストレスを抑制します。また、玉ねぎに含まれるビタミンVには、アレルギー反応(花粉症・アトピー)を抑制するはたらきがあります。さらに干しエビに含まれるカルシウムと納豆の良質タンパク質が融合し、骨への吸収率が高まります。そばの特徴的な成分であるルチンは、血圧降下作用があり、ビタミンCの吸収を助け、酸化から体を守ってくれます。さっぱり食べたい方は大根おろしをたっぷり入れることで、ビタミンCが摂れます。

骨を丈夫にし、脳のはたらきを促してくれる
ビタミンK、イソフラボン
納豆は子どもの健やかな成長に欠かせない食品です

くるくる納豆カツ

エネルギー（1人分） 340kcal

材料（4人分）

ひき割り納豆　150g
納豆のタレ　3袋
豚もも薄切り肉　400g
とろけるスライスチーズ　8枚
大葉　16枚
のり　4枚
塩・こしょう　各少々
小麦粉　大さじ1
卵　1個
パン粉　大さじ3
植物油　適量
せん切りキャベツ（飾り用）　120g
トマト（飾り用）　120g
レモン（飾り用）　60g
ソース　適量

作り方

① 納豆は添付のタレで味付けをしてかき混ぜておく。
② ラップの上に薄切り肉3〜4枚を少し重なるように並べる。
③ ②に半分に切ったのり、大葉2枚、①、チーズの順に重ね、ラップの端から中が渦巻きになるようにくるくると巻く（写真）。
④ ③に軽く塩・こしょうをし、小麦粉、卵、パン粉の順に衣をつける。
⑤ 鍋に油を入れ、180℃くらいの温度で揚げる。
⑥ ⑤が揚がったら、付け合わせの野菜と一緒に盛り付け、お好みでソースをかける。

> **調理のポイント**
> 豚肉は、重ねて使えば崩れることはありません。のりはお肉からはみ出ないように切りましょう。

納豆は子どもにも食べさせたい食品のひとつ。チーズと納豆の組み合わせは納豆のにおいが薄れるので納豆嫌いの方にもおすすめです。骨を丈夫にするビタミンK、骨からカルシウムが過剰に溶け出すのを防いでくれるイソフラボンは、強い骨を作るほかにも肩こりやイライラ防止にも役立つ組み合わせです。レモン汁をしぼって食べると、ビタミンCの力でさらに吸収力アップにつながります。そのほか脳の活性を良くするビタミンB1も増強されるので、育ち盛りの子どもには、特におすすめのメニューです。

よもぎと納豆、さらに抹茶の抗酸化作用で
活性酸素を抑制。これであなたも健康美人

納豆よもぎ蒸しパン

エネルギー(1人分) 248kcal

材料(4人分)

納豆　80g
薄力粉　170g
ベーキングパウダー　小さじ2
豆乳　80cc
塩　ひとつまみ
よもぎ粉　大さじ1
抹茶　2g
熱湯　80ml
さとうきび粗糖(粉)　45g

作り方

① 薄力粉とベーキングパウダーを合わせてふるっておく。
② 豆乳と塩、よもぎ粉を合わせる。
③ 熱湯に抹茶と粗糖を溶かす。
④ ②と③を混ぜ合わせる。
⑤ ④に①を入れる。粉っぽさがなくなるまで混ぜたら納豆を入れ(写真)、さらに混ぜ合わせる。
⑥ 蒸しパン用の型に入れ、蒸気の立った蒸し器で20〜25分蒸す。

調理のポイント

きれいな若草色に仕上げるために、よもぎ粉に抹茶を加えます。きなこ、かぼちゃ、人参、ごま風味などにしても良いでしょう。豆乳の代わりに牛乳や生クリームを使用してもOKです。

納豆とよもぎの組み合わせでビタミンA・Cが増強され、肝機能向上を助け、活性酸素除去効果も高めます。抹茶のカテキンは抗酸化作用があり、発がんを抑制します。よもぎは食物繊維も豊富なので、美容効果も大。朝食にご飯は重いと感じるときも、この蒸しパンなら良質な大豆タンパク質・ビタミンA・C・食物繊維が同時に摂れヘルシーです。甘味として使用したさとうきび粗糖は、黒糖のようなくせや苦味がなく、まろやかな甘みの上、上白糖よりカルシウムを多く含みます。

カルシウムの吸収を促す納豆のビタミンKが
心も体も元気にしてくれます

ドライ納豆ふりかけ

エネルギー（1人分） 48kcal

材料（4人分）

ドライ納豆（乾燥納豆）　大さじ4
青のり　小さじ1
塩　小さじ1
かつおぶし　大さじ2

作り方

① 塩はレンジかフライパンでさっと煎る。かつおぶしも同様にしておく。
② すべての材料を混ぜ合わせる。

調理のポイント

しらす干し、干しエビ、野菜チップなどを混ぜても美味しくできます。

青のりと納豆の組み合わせでカルシウム・鉄・亜鉛などのミネラルが増強され、皮膚細胞の再生を促進します。また、ビタミンA・C・Eの抗酸化作用が美容効果を高め、ダイエットを促進します。かつおぶしとの組み合わせでナイアシンを増強し、イライラを抑えます。

著者紹介

杉本　恵子（すぎもと　けいこ）

相模女子大学食物学科卒業。大手百貨店の健康管理室に勤務し、管理栄養士として従業員の健康管理を担う。1992年、130人の管理栄養士をネットワークし（株）ヘルシーピットを設立し、健康・栄養管理に関わる講演活動、テレビ出演、執筆活動を行なっている。中でも「5色の食材バランス健康法」が好評。著書に「こんにゃくダイエットメニュー」「低カロリーバター応用レシピ」（共著・素朴社）、「食材5色バランス健康法」（フットワーク出版社）がある。

http://www.healthypit.co.jp

高見澤　悦子（たかみざわ　えつこ）

中京短期大学食物栄養科を卒業後、日本国民食株式会社（現株式会社ニッコクトラスト）に入社し、管理栄養士、産業栄養指導者として多くの企業で従業員の健康管理や食事管理に従事する。また同社技術研究室で機関誌「技術研究」「メニュープランニング」「集団給食実務必携」「栄養メモ」の執筆、編集、出版に携わる。著書に「長生きを科学する栄養講座」（秋桜社）があり、「金メダルレストラン」（共著・ベースボールマガジン社）ではスポーツ栄養、スポーツ選手の食事分野について執筆担当。

編 集 協 力	全国納豆協同組合連合会
	株式会社　アイ・エム・ピー（IMP）
装丁／デザイン	㈲オフィス・カン／前田　寛
撮　　　　影	久保田　健
調 理 制 作	ヘルシーピットスタッフ

いきいき美人の納豆レシピ

2002年7月30日　　第1刷発行

著　者　　杉本恵子・高見澤悦子
発行者　　三浦　信夫
発行所　　株式会社　素朴社
　　　　　〒150-0002　東京都渋谷区渋谷1-20-24
　　　　　電話：03(3407)9688　　FAX：03(3409)1286
　　　　　振替　00150-2-52889
印刷・製本　壮光舎印刷株式会社

Ⓒ2002 Keiko Sugimoto,Etsuko Takamizawa, Printed in Japan
乱丁・落丁本は、お手数ですが小社宛お送り下さい。送料小社負担にてお取替え致します。
ISBN 4-915513-68-8 C2377　価格はカバーに表示してあります。

心と体の健康のために…

★ 待ち望まれていた女性専用外来
★ 日本でも始まった性差医療（Gender-Specific Medicine）
★ 全国の頼れる女性医師たち

女性のための安心医療ガイド

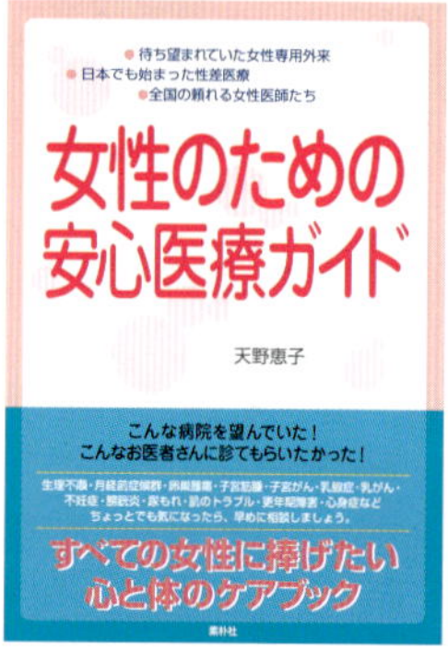

医学博士 **天野恵子** 監修　　A5版／定価：本体1,400円（税別）

女性医師に診てもらえる女性専用外来や、女性医療に積極的な医療機関、頼りになる女性医師を紹介。
すべての女性におすすめしたい、待望のガイドブック。

＜主な内容＞
第1章　女性医療、性差に基づく医療とは？
第2章　女性の心と体のこと、各科の先生に聞きました
第3章　「女性専用外来」「性差医療」に取り組み始めた医療機関
第4章　全国の頼れる女性医師たち

ドクター・オボの こころの体操

あなたは自分が好きですか

オボクリニック院長 **於保哲外**

対人関係や社会との関わりは、自分自身をどう見るか、自分をどこまで評価できるかという「自分関係」で決まると著者は語る。「人間を診る」医療を心がけている著者のユニークな理論と療法は、こころと体を元気にしてくれる。

四六判 上製／定価：本体1,500円（税別）

がんを予防する 食品ガイドブック

栄養学と医学の上からすすめたい食材と調理

女子栄養大学教授 **五明紀春**・女子栄養大学助教授 **三浦理代**

最新の研究成果に基づき、部位別がんを予防するために、何をどう食べればよいかを解説。がん予防に役立つ食材を使った料理のレシピも豊富に収録。食生活を通してがんから体を守るための決定版。

A5判／定価：本体1,500円（税別）